William Walker Atkinson veröffentlichte unter dem Pseudonym Yogi Ramacharaka in den Jahren 1908/09 „A *Series Of Lessons On The Inner Teachings Of The Philosophies And Religions Of India*". Seine darin enthaltene herausragende Analyse des *Buddhismus* bringt nicht nur Klarheit in die häufigsten Missverständnisse, denen sowohl einige westliche Übersetzer als auch Zeitgenossen und Nachfolger *Gautamas* erlegen sind und in weiterer Folge zu vielfältigen Verzerrungen der Philosophie *Gautama Buddhas* geführt haben, sie lässt uns auch Schritt für Schritt die innersten Beweggründe dieses großen spirituellen Lehrers nachvollziehen und bringt uns die ursprüngliche Botschaft *Buddhas* in einfachen und verständlichen Worten nahe. Darüber hinaus bezieht hier W. W. Atkinson, dessen eigene philosophische Ausrichtung dem Buddhismus ausgesprochen zugewandt ist, am Ende dieser Abhandlung in ungewohnter Deutlichkeit Position und gibt so dem Leser einen der seltenen Einblicke in seine ganz persönlichen Ansichten zu den großen Fragen der Existenz.

William Walker Atkinson

DIE ESSENZ DES
BUDDHISMUS

Aus dem Englischen von Daniela Latzko
Deutschsprachige Erstausgabe
1. Auflage

Bibliografische Information der Deutschen Nationalbibliothek:
Die Deutsche Nationalbibliothek verzeichnet diese Publikation in der
Deutschen Nationalbibliografie; detaillierte bibliografische Daten sind im
Internet über *dnb.dnb.de* abrufbar.

Herstellung und Verlag:
BoD – Books on Demand, Norderstedt.

ISBN: 9783749468317

BUDDHISMUS

Der Begriff „Buddhismus" bezieht sich sowohl direkt auf die Philosophie von GAUTAMA BUDDHA selbst, als auch auf das weitläufige religiöse System mit seinen Zeremonien und Ritualen, das aus seinen Lehren hervorgegangen ist. Wir finden weltweit derzeit ungefähr dreihundert Millionen (300.000.000) Anhänger, vorwiegend in China, Japan und Tibet. Zehn Millionen (10.000.000) leben in Indien und Burma, wobei hier die überwiegende Anzahl in Burma zu finden ist. Die Zahl der Buddhisten in Indien, dem Land des Gründers, ist verschwindend gering und die buddhistische Philosophie ist hier im Grunde nur noch durch ihren Einfluss auf andere Philosophien lebendig. Obwohl man im Norden Indiens nach wie vor Anhänger der Lehre findet und der Buddhismus nach wie vor auf Ceylon *(heute: Sri Lanka)*, Burma *(heute: Myanmar)*, Nepal und Indochina *(Südostasiatisches Festland - dazu gehören u.a. Vietnam, Laos, Kambodscha und Thailand - Anm. d.Übers.)* geradezu floriert, ist die buddhistische Lehre im Zentrum Indiens nahezu unbekannt. Neben den großen Hochburgen des Buddhismus - China und Japan, finden wir in Tibet ein weiteres Zentrum, in dem der Buddhismus unter der Bezeichnung „Lamaismus" die vorherrschende Religion darstellt. Der Buddhismus ist die bevorzugte Religion bei den mongolischen Bevölkerungsgruppen Asiens, man findet ihn im äußersten Norden Sibiriens und sogar in Lappland. Jedoch hat die heutige Form der buddhistischen Religion, speziell in den Ausprägungen Japans und Chinas, aber auch in Tibet und generell im Norden nur wenig Ähnlichkeit mit den ursprünglichen Lehren Gautamas. Die Buddhisten Burmas leben noch am ehesten nach den orthodoxen Lehren, doch sogar dort trägt der Buddhismus mehr die Züge eines religiösen Systems und einer „Kirche" als die eines philosophischen Systems. Dennoch übte die ursprüngliche Philosophie *Gautama Buddhas* einen wunderbaren Einfluss auf die philosophische Denkweise Indiens aus. Nachdem sie diese Aufgabe erfüllt hatte, trat sie allerdings völlig in den Hintergrund und lebt nun nur noch in der Form einer „Religion" weiter und dient als Basis für philosophische Konzepte von anderen – im Osten wie im Westen. Der Buddhismus reicht bis in das sechste Jahrhundert vor Christus zurück – in die Zeit, in der sein Gründer *Gautama Buddha* in Indien lebte.

Er wurde als Prinz geboren und trug den Namen *Siddhartha* oder auch *Shakyamuni*, was in etwa „der Einsiedler aus der Familie der Shakya" bedeutet. Der Name „*Buddha*" bedeutet „Erleuchteter Geist", „Erwachter Geist" oder „Erleuchtung" und wurde ihm aufgrund seiner spirituellen Erleuchtung zuteil. Die Titel *Bhagavat*, „der Gesegnete" oder *Bodhisat* sind ebenso im Zusammenhang mit *Gautama* gebräuchlich. Es gibt unzählige Legenden über das frühe Leben *Gautamas,* die der englische Poet Edwin Arnold in seiner Erzählung *„Die Leuchte Asiens"* sorgfältig zusammengetragen und in wunderbare Verse gegossen hat.

Der Legende zufolge entwickelte Prinz *Siddhartha* bereits als Kind eine Neigung zu philosophischen Gedanken und Überlegungen. Sein Vater aber, der ihn zu einem berühmten Krieger heranziehen wollte, drängte ihn zu einer frühen Eheschließung und sorgte für die luxuriöseste Umgebung, die ein orientalischer Hof zu bieten hatte, um die Gedanken seines Sohnes vom Unglück und den Schmerzen der Welt fernzuhalten. Krankheit, Siechtum und Tod waren vor den Blicken *Siddharthas* völlig verborgen – Glanz und Freude allein durften in sein Leben treten. Doch die permanente Fülle der ihn umgebenden Freuden begann den jungen Prinzen zu ermüden und er erkannte in all dem Glanz „nichts als Eitelkeiten" und sinnlose Verschwendung, die weder Geist noch Seele nähren könnten. Als er eines Tages die Grenzen des Palastes überwand, um die Welt jenseits dieser Mauern zu erkunden, erkannte er, dass Not, Schmerz und Leiden das Leben der meisten Menschen bestimmten und dass ihr ständiger Begleiter, der Sensenmann – der Tod – jederzeit bereitstand, sie wie Gras auf dem Felde zu schneiden. Hinter alldem erkannte er die Zeichen des herannahenden Todes, oder wie der persische Poet es nannte:

„das ferne Geläut der Karawane". Daraufhin fasste er den Entschluss, allem zu entsagen und sein Leben fortan als Asket zu führen, um so den Frieden zu finden, den ihm die Welt verwehrt hatte. Er brach aus der Herrschaft des Vaters aus, ließ die Palastmauern endgültig hinter sich und floh in die Wälder. Er begegnete Brahmanen, studierte ihre Philosophien und Lehren, doch der Friede blieb fern.

Askese und Selbsterniedrigung verfehlten ebenso ihr Ziel. Schließlich gewann er die Erkenntnis, dass Friede allein im Inneren zu finden sei und verbrachte fortan sein Leben in Mediation und Selbsterkundung, wobei er seine Aufmerksamkeit auf den Ursprung und die Quelle von Schmerz und Leiden lenkte. Er war fest entschlossen, die

Problematik durch reine Geisteskraft zu lösen. Und so saß er über Wochen in tiefster Versenkung und abstrakter Betrachtung unter dem berühmten Bodhibaum, als schließlich transzendente Erleuchtung – *Nirvana* – zu ihm kam.

In vollkommener Klarheit sah er den Ursprung aller Erscheinungsformen des Lebens und die damit einhergehenden Leiden ebenso vor sich, wie den Ausweg daraus. Er sah, dass in *Samsara,* dem Kreislauf der Existenzen, die Quelle allen Leidens zu finden ist und kam zu dem Schluss, dass wir, wenn wir nicht geboren und wiedergeboren würden, demzufolge auch Schmerz, Krankheit, Leiden, Alter und Tod nicht unterworfen wären. In weiterer Folge erkannte er, dass der Ursprung von *Samsara* wiederum im VERLANGEN liegt und noch einen Schritt weiter zurückreichend erkannte er, dass UNWISSENHEIT diese Kette aufrechterhält.

Daher kann jener, der die Unwissenheit überwindet und die Stärke besitzt, das Verlangen abzutöten, die Fesseln des Samsara abwerfen; er wird dem Lebensrad entkommen und in *Nirvana* eingehen – er wird Frieden finden. So befreite er sich in dieser letzten Phase mental von allen Bindungen des *Samsara* und erlangte *Nirvana* auf Erden. (Der Zustand des *Para Nirvana* folgte nach dem Verlassen seines physischen Körpers – die Kette der Wiedergeburt wurde durchtrennt und *Samsara* endgültig bezwungen.)

Als Lehrer von Freiheit und Emanzipation zog nun *Gautama* aus und wurde zum Begründer seiner Schule bzw. seines Systems, aus dem in weiterer Folge der Buddhismus auch als Religion und als Glaubensgemeinschaft hervorging. Seine Lehren überzeugten viele bedeutende Zeitgenossen und so konnte sich sein philosophisches System, mit den daraus abgeleiteten Anleitungen für eine adäquate Lebensweise, bereits zu seinen Lebzeiten fest verankern, bevor er in der nordindischen Stadt Kushinagar verstarb.

Untersuchen wir nun zu Beginn die grundsätzlichen Konzepte der buddhistischen Philosophie. Wenn man die Fülle der englischsprachigen Bücher zu diesem Thema durchforstet, könnte der Student den Eindruck gewinnen, dass *Gautama* eine atheistische Philosophie lehrte, die nahe am Materialismus angesiedelt ist und jegliche Realität hinter der phänomenalen Welt verneint, die Verneinung der Existenz *Brahmans* und der Existenz einer „Seele" mit eingeschlossen. Und das, obwohl er die Reinkarnation als „Notlösung" des Karma bezeichnete, die für die Kette der Wiedergeburten in Samsara das notwendige Bindeglied beisteuert. Im Westen wurde die Diskussion über diese unterschiedlichen Positionen ausgesprochen heftig geführt und wir sind der Ansicht, dass Ordnung in das Chaos gebracht werden könnte, indem man die inneren Lehren der Hindu Philosophie auf die Lehren Buddhas anwendet.

Und genau das ist auch die Position hoch entwickelter Hindu-Gelehrter (keine Buddhisten!), die *Gautama* sowohl vor den Attacken der orthodoxen Hindus, als auch vor westlichen Autoren in Schutz nehmen. Sehen wir uns die Thematik nun genauer an.

Der erst Punkt ist, dass Gautama in keinster Weise die Existenz von *Brahman* verleugnete, er verweigerte lediglich die Spekulation über seine Natur, seinen Charakter und Wesen, da er der Auffassung war, dass der Mensch mit der phänomenalen Welt und deren Überwindung beschäftigt ist; daher ist jegliche Spekulation über *Brahman* sinnlos und stellt reine Zeitverschwendung dar. „Es genügt, zu wissen, dass ES ist", war seine Haltung. Die Existenz von *Ishwara*, dem personifizierten Gott der Hindus verneinte er, und so zog er den Vorwurf des

Atheismus an sich – ein Vorwurf, dem auch *Kapila* und andere philosophische Lehrer ausgesetzt waren. Doch *Gautama* verneinte *Brahman* keineswegs, er nahm seine Existenz als zugrundeliegende Wahrheit an, die keines Beweises bedarf. Mehr noch, in seinem System wies er klar auf die Existenz des *Para-Brahm,* also *Höchsten Brahman* hin, also *Brahman* im nicht-manifestierten Zustand – im Zustand des Nicht-Seins.

Von *Gautama* wurde behauptet, er würde ein „Nichts" an den Beginn des sichtbaren Universums stellen, in das dieses auch wieder zurückkehren wird. Nun, jeder, der mit den Grundlagen der Hindu-Philosophie vertraut ist, weiß, dass eine der grundlegenden Positionen, von der ein Hindu niemals abweichen würde, lautet: „Etwas kann niemals aus Nichts entstehen – und etwas kann sich nicht in Nichts auflösen". Oder wie oft gesagt wird: „Von Nichts kommt nichts." Darüber hinaus weist die Annahme, dass *Nirvana* oder der Seelenfrieden *Gautamas* ein Zustand des „Nichts" oder der Annihilation sei, nicht nur auf eine profunde Unkenntnis der grundlegenden Konzepte der buddhistischen Philosophie hin, sondern auch auf Unwissenheit in Bezug auf die philosophische Grundhaltung der Hindus, sowie die orientalische Geisteshaltung im Allgemeinen, stellt doch das *Ultimative Universelle Bewusstsein* den roten Faden dar, der alle diese Lehren miteinander verbindet. Trotz allem wird von der Mehrzahl der westlichen Autoren die Behauptung aufgestellt, dass *Nirvana,* das Ziel der Buddhisten, der „Zustand des Nichts" oder die „Annihilation" sei.

Nirvana ist die „Annihilation von *Maya"* – die „Zerstörung von *Avidya* oder Unwissenheit" – ein Zustand *Universellen Inneren Bewusstseins* und keineswegs die Auslöschung von Bewusstsein. Wenn diese westlichen Autoren nicht einmal in der Lage sind, diesen wesentlichen Punkt zu erfassen, wie wollen sie dann die subtileren Details dieser Lehre begreifen?

Wie schon gesagt, weigerte sich *Gautama*, über das Absolute, über *Brahman*, ES oder das Noumenon zu spekulieren. Er verneinte seine Existenz allerdings keineswegs, im Gegenteil, er behandelte es als das existierende Unerkennbare – eine sehr ähnliche Position, die der englische Philosoph Herbert Spencer einnimmt, der zu Unrecht als „Materialist" bezeichnet wird, obwohl er ganz klar von dem „Unerkennbaren", auf dem die gesamte phänomenale oder „erkennbare" Welt aufgebaut ist, spricht.

Gautama bekennt sich zur Existenz des Unerkennbaren und obwohl er es als Nicht-Ding bezeichnet, ist es kein Nichts *(No-Thing im Unterschied zu Nothing – Anm. d. Übers.),* es ist schlichtweg das, was *„von Dingen und deren Antezedenz völlig verschieden ist."* Dieses subtile, aber grundlegende Konzept ist in westlichen Analysen und Interpretationen seiner Lehren schon im Ansatz nicht verstanden worden.

Für *Gautama* existiert das Unerkennbare nicht nur als das *Absolute in Akti-*

on, also *Brahman* im manifestierenden Zustand, sondern auch als *Para-Brahm*, also *Brahman* in seinem Aspekt der Ruhe und Nicht-Aktivität – *Brahman*, vollständig enthüllt von *Maya* und dem illusionären Universum. Um in westlichen Terminologien zu sprechen, war *Gautamas* höchstes Konzept *„Das Ding an sich"*, in dem alle Manifestationen entschwinden – das Absolute als NICHT-SEIN, im Unterschied zum Absoluten als SEIN und jeder fortgeschrittene westliche Student ist sich über die unterschiedliche Bedeutung der beiden Begriffe, das „Nicht-Seiende" und das „Nichts" völlig im Klaren – ja, er weiß, dass das „Nicht-Seiende" *Realität* in ihrer puren *Essenz* bezeichnet, im Unterschied zur *Realität, die Relativität manifestiert.*

So möchten wir in aller Deutlichkeit feststellen, dass durch ein genaues Studium der originalen Lehre *Gautamas* völlig klar wird, dass das absolute Nichts oder der Nihilismus keineswegs Teil seiner Lehre waren, sondern sein „Nicht-Ding" *(No-Thing)* mit dem westlichen Konzept vom „Nicht-Sein", dem höchsten, *über das Sein hinausgehende,* Konzept der Realität identisch ist. *Gautama* betrachtete das Nicht-Sein in seiner reinsten Essenz als die grundlegende Realität, die allen Erscheinungsformen vorausgeht.

Ohne dieses grundlegende Konzept würde die gesamte Philosophie *Gautamas* in sich zusammenbrechen; sie wäre ohne Bedeutung; sie wäre eine Lehre von einem „Etwas", das aus dem „Nichts" kommt und wieder ins

„Nichts" zurückkehrt, um Frieden zu gewinnen – eine offensichtliche Absurdität ohne jeden gesunden Menschenverstand und der hinduistischen Denkweise in ihrem Instinkt, aber auch in ihren Prinzipien völlig zuwiderlaufend.

Gautama lehrte zwar von der Nichtigkeit der Erscheinungsformen oder *Samsara* und ging in seinem Konzept von *Maya* sogar wesentlich weiter als die Vertreter des *Advaita Vedanta*, da er *Maya* als bloße Beschränkung ohne jeden Hauch von Realität, als Lüge ohne jeglichen Bestand vor dem *Absoluten* betrachtete, denn das *Absolute,* das Unerkennbare – ES – war die Basis seiner Lehren – das *Absolute,* das in allen Hindu-Philosophien zu finden ist und das, wenn es aus diesen Denkrichtungen entfernt würde, die gesamte Hindu-Philosophie ohne jede Chance auf Wiederaufbau zum Einsturz bringen würde.

Gautama wurde von orthodoxen Hindus als Ikonoklast, als Ungläubiger und sogar als Atheist bezeichnet. Doch er war keineswegs ein Narr, der ein Nichts als die Basis von Allem ansah. Diese "Interpreten" Buddhas haben hier einfach seine Lehre auf den Kopf gestellt.

Obwohl *Gautama* jede Spekulation über die Natur des Unerkennbaren aus dem einfachen Grund, dass die letzten Fragen vom menschlichen Verstand nicht gelöst werden könnten, ablehnte (obwohl alles verstanden wird, sobald der Zustand des Nirvana erreicht ist), muss erwähnt werden, dass die von ihm da und dort eingeflochtenen „Inneren Lehren", die aus dem transzendentalen Wissen seiner Erleuchtung (Nirvana) hervorgingen, davon sprechen, dass die fundamentale Realität, oder ES in seiner Essenz mit dem NICHT-SEIN gleichzusetzen ist – *Nicht-Sein* im Gegensatz zu dem, was der Mensch unter dem Begriff *Sein* versteht.

NICHT-SEIN ist keineswegs gleichzusetzen mit nicht existierend, sondern beschreibt *Existenz in ihrem Zustand ohne Attribute, Qualitäten oder Aktivitäten in Bezug auf Manifestationen, obwohl jede Manifestation latent darin enthalten sein muss* – also NICHT-SEIN in der Bedeutung von „SEIN IN LATENZ".

Diese Unterscheidung ist höchst metaphysisch, jedoch haben bereits antike griechische, aber auch moderne westliche Philosophen diesen Unterschied erkannt und einen Platz in ihren metaphysischen Systemen eingeräumt. Hegel stellt zum Beispiel fest: „Nicht-Sein und Sein sind Eins." Dieses Konzept wurde bereits von hinduistischen Metaphysikern erkannt und als Para-*Brahman*, *Höchster-Brahman* oder als *Essenzieller-Brahman* bezeichnet, der der Phase *Brahmans*, als erste Ursache des Universums, übergeordnet existiert.

Dieses Thema betrifft eines der feinsten und subtilsten Unterscheidungen der metaphysischen Gedankenwelt. Kein Wunder also, dass *Gautama* nachgesagt wurde, er proklamiere eine Doktrin des „Nichts", scheint für den Durchschnittsmenschen doch das „Nicht-Sein" viel eher dem „Nichts", als dem „Sein" anzugehören. *Gautama* erfasste diesen Unterschied durchaus – darauf beruht auch seine Unterscheidung zwischen *Nirvana* und *Para-Nirvana*, wie wir gleich sehen werden.

Aus dem Nicht-Sein oder *Para-Brahm* geht das Sein oder *Brahman* hervor (obwohl Gautama den Gebrauch dieser Terminologien eigentlich ablehnte; er wollte seine Lehren von den üblichen Begrifflichkeiten und deren Verknüpfungen befreien). Nicht-Sein ist *Alles was ist* – ES – abseits davon existiert nichts. Aus dem Nicht-Sein erhebt sich das Sein, die Manifestation als universelles Bewusstsein, der Kreative Geist oder die universelle Seele. Gautama lehnte es ab, Erklärungen über die Natur dieses Hervortretens, also über die Ursache der Manifestation des Seins abzugeben oder darüber zu diskutieren, da der normale Verstand nicht in der Lage ist, diese Wahrheit zu erfassen. All das wird aber klar und deutlich, wenn der Zustand des Nirvana erreicht wird.

Das SEIN manifestiert in weiterer Folge das „Verlangen nach Leben", ähnlich Schopenhauers „Willen zum Leben". Der Unterschied zwischen diesen beiden Aussagen liegt allerdings darin, dass Schopenhauers Begriff ein „Ding an sich" beschreibt, während das „Verlangen nach Leben" eine bloße Erscheinungsform, eine rein phänomenale Manifestation darstellt.

Dieses „Verlangen nach Leben" geht Hand in Hand mit der „Kausalen Evolution" oder der Verkettung von „Ursache und Wirkung" und hat folgenden Aufbau: Aus *Avidya* oder Unwissenheit entstehen trügerische Ideen oder die Illusion des Getrenntseins, das „Verlangen nach Leben" oder der Wunsch nach objektiven Erfahrungen. Dem folgt die psychische Grundlage für die Sinneswahrnehmung, der Kontakt durch diese Sinne zu Objekten nach außen, die ersten undeutlichen Wahrnehmungen und Gefühle, der Wunsch nach Dingen, Anhaftungen an Objekte und danach die menschliche Geburt – gefolgt von den Umständen des Lebens: Leben, Alter, Tod, Kummer, Schmerz, etc. – das Karma des Lebens entsteht und führt zur Wiedergeburt und *Samsara* – solange bis Emanzipation oder Freiheit erlangt wird.

Avidya oder die Unwissenheit stand am Beginn dieser Verkettung und ist daher der wahre Feind, der überwunden werden muss, und die erste Form der Unwissenheit ist die Illusion des Getrenntseins. Das „Verlangen nach Leben" wie es in vielen Hinweisen Gautamas, aber auch bei den frühen buddhistischen Lehrern und Kommentatoren zu finden ist, kann als leidenschaftliches, lüsternes Verlangen, Hunger oder Durst nach objektiver Existenz aufgefasst werden, das zuerst unbewusst und in weiterer Folge bewusst verschiedene Formen und Kreationen manifestiert, und zwar vom Atom bis zum Menschen, das Pflanzen- und Tierreich mit eingeschlossen.

Das „Verlangen nach Leben" manifestiert sich in allen lebendigen Formen.

Manche nannten es das „Leben an sich" – in all seinen Manifestationen und Formen, für manche war es der „Kreative Wille" und für andere wiederum war es identisch mit der „Natur". Die Übereinstimmung besteht darin, dass es von allen als die instinktive, anhaltende, begehrliche, strebende, agierende, ausführende und sehnende lebendige Kraft angesehen wurde, die sich permanent in allen Erscheinungsformen der Welt manifestiert, indem sie diese kreiert, erhält und wieder zerstört.

Permanenter Wandel, permanentes Werden – nichts bleibt, wie es ist – Erschaffen und Zerstören – Geburt, Alter und Tod – um neue Formen entstehen zu lassen – neues Leben aus abgestorbenen und verwandelten Formen –

das ist das „Verlangen nach Leben".

Gautama lehrte, dass die Essenz des „Verlangens nach Leben" *Kama*, oder das *Begehren* ist. Das Begehren ist treibende Kraft, Motivation und Handlungsimpuls. Alles entsteht in der einen oder anderen Form aus diesem *Begehren*; dem zu entkommen ist unmöglich, es sei denn, das Begehren selbst wird gänzlich vernichtet. Das war die Lehre *Gautmas*. Er unterwies seine Schüler, indem er ihnen erklärte, dass in der Aufgabe des Begehrens die einzige Hoffnung liegt. Seine gesamte Lehre beruht auf diesem Verzicht auf *Leben* durch die Aufgabe des *Begehrens*. Das ist der Grundton seiner Lehre – von Anfang bis Ende.

Aus dem *Verlangen nach Leben*, mit der ihm innewohnenden Kraft des *Be-*

gehrens, entsteht *Samsara* oder der Kreislauf der Existenz und erzeugt die Welt der Verfehlungen, der Schuld, des Bedauerns, des Todes und des Zerfalls, der Enttäuschung, des Leidens und den endlosen Zyklus (wenn die Befreiung nicht erlangt wird) der Wiedergeburt und Wiederverkörperung unter den Gesetzmäßigkeiten des *Karma*.

In der Lehre *Gautamas* ist *Samsara* also nichts anderes als das Resultat der Unwissenheit, die durch das Verlangen nach Leben und dem Begehren nach Ausdruck in einer gegenständlichen Existenz entsteht. Während dieser Kreislauf andauert, ist all das aber von schrecklicher Wirklichkeit – ein Albtraum des wahren Selbst, der solange andauert, bis das Begehren überwunden und Selbstbefreiung (Emanzipation) erlangt wird.

Das Begehren erhält die Umklammerung des *Samsara* aufrecht; sie umfasst alles – vom unbewussten Atom über Mineralien, Pflanzen und Tiere bis hin zum Menschen, in dem das Begehren in der Sinnlichkeit seinen Höhepunkt erreicht und sich im Streben nach persönlichem Vorteil, selbstsüchtigen Ambitionen, persönlichen Wünschen, Neigungen und Abneigungen – kurz gesagt, in allen Merkmalen der Persönlichkeit ausdrückt, die aus der Selbstsucht und dem Gefühl des Getrenntseins entstehen.

Dem Studenten werden Ähnlichkeiten von *Gautmas* Konzept des „Verlangens nach Leben" mit *Sankhyas* Prinzip des *Prakriti* auffallen und ebenso mit der *vedantischen* Idee von *Maya*, dem Ursprung phänomenalen Lebens – mit seinem *Samsara*, dem Kreislauf der Existenzen, aus dem sich die Seele befreien will. Die Idee, dass die Seele in der Fremde verzweifelt ihren Weg zurück in den Schutz der Heimat sucht, ist in der gesamten Hindu-Philosophie präsent. Intuitiv bringt Even Newman dieses Sehnen in seinem Hymnus „Führe Du mich" ("Lead, Kindly Light") zum Ausdruck:

„Führe Du, mein Licht, mich sanft durch schwerste Stunden.

Die Nacht ist dunkel, dem Heim bin ich fern;

Führe Du mich.

Lenke Du meine Füße; ich frage nicht, was in der Ferne mich erwartet; begnüge mich mit einem Schritt.

Führe Du mich."

Der Buddhismus schließt nahtlos an das ältere *Sankhya*-Konzept vom in *Prakriti* gefangenen und nach Befreiung strebenden Spirit an. Gautamas Definition der „Seele" unterscheidet sich allerdings grundlegend, wie wir gleich sehen werden.

Prof. Garbe schreibt in seiner *„Philosophie des alten Indiens"*: „Das *Sankhya*-System liefert in allen Kernaussagen die Basis für die philosophische Ausgestaltung der beiden Religionen *Jainismus* und *Buddhismus,* die sich beide auf denselben Grundgedanken berufen, nämlich, dass dieses Leben nur Leiden ist. Die Ursache des Leidens liegt im Verlangen nach Leben und den Sinnesfreuden der Welt und in letzter Konsequenz in der Unwissenheit über die Entstehung dieses

Verlangens. Die Unwissenheit (und somit auch das Leiden) kann durch die Auslöschung des Verlangens, den Verzicht auf die Welt und die uneingeschränkte Liebe zu allen Lebewesen beseitigt werden."

Bevor wir uns *Gautamas* Plan zur Befreiung der Seele aus *Samsara* widmen, untersuchen wir nun die zweite Häresie *Gautamas* (laut seinen Kritikern), nämlich seine angebliche Verleugnung der Seele. Vertreter entgegengesetzter Systeme beschuldigten ihn, seine Lehre sei „heterodox" und auch westliche Kritiker, die die fundamentalen Prinzipien seiner Lehre nicht erfassen konnten, warfen ihm die Erfindung eines „mechanischen Karmas" vor, das die verschiedenen Leben unter dem Gesetz der Reinkarnationen miteinander verbindet – und das alles ohne Beteiligung der „Seele". Wenn es keine Seele gibt, so seine Kritiker, wie kann Reinkarnation dann stattfinden? Was also kann dann überhaupt reinkarnieren?

Wenn man Kenntnis über die Grundlagen der Hindu-Philosophie hat, wird dieser Punkt allerdings verständlich. *Gautama* wurde als „Atheist" bezeichnet, weil er *Ishwara* nicht anerkannte, und er wurde als Lehrer der Seelenlosigkeit bezeichnet, weil er die *„individuellen Purushas"* von *Kapila* ablehnte, obwohl er *Kapilas* Konzept von *Prakriti* annahm.

Zum ersten war nach Gautamas Auffassung streng genommen die gesamte phänomenale Welt Illusion oder Maya und er lehnte, indem er diesen

Gedanken in die letzte Konsequenz weiterführte, die Existenz einer individuellen Seele ab, da das Gefühl des Getrenntseins aus *Avidya* oder Unwissenheit entspringt und es daher so etwas wie eine individuelle Entität gar nicht geben kann – wenn in Wahrheit nur das All existiert. Folglich betrachtete er die individuelle Seele als Teil der Einbildung der phänomenalen Welt. Genau genommen machte Gautama hier nichts anderes, als die Vertreter des *Advaita Vendanta* mit ihrem „*Tat tvam Asi*" – „Das bist du". Die individuelle Seele wird lediglich als DAS EINE IN DER ERSCHEINUNGSFORM DER VIELEN angesehen.

Doch *Gautama* ging tatsächlich noch einen Schritt weiter und ignorierte die individuelle Seele bzw. die spirituelle

Entität auch in ihrer bloßen Erscheinungsform, da er darin weder die Begründung für die „Persönlichkeit" noch die Erklärung für die Reinkarnation sah.

Seine Kritiker sagten, dass er das *Karma* wie eine „Notlösung" behandelte, das die Aufgabe hatte, die Auswirkungen eines Lebens auf das nächste zu übertragen. Das sei aber ungerecht, da dadurch einem Individuum sämtliche Folgen des Handelns eines anderen Individuums aufgebürdet oder angerechnet würden. Das ist aber keineswegs so, da es sich ja in beiden Fällen um dasselbe „Individuum" handelt. Ein zwanzigjähriger Mann ist ja auch immer noch dasselbe Individuum wie das sechsjährige Kind, das er einmal war; für den Betrachter hat sich aber sein

Erscheinungsbild verändert.

Die ganze Schwierigkeit liegt also im Verständnis des Begriffs „SEELE".

Für die Anhänger der *Sankhya* Philosophie war die „Seele" *das individuelle Purusha* – eine Entität, die bestimmte „Qualitäten und Attribute" aus der mentalen Evolution des *Prakriti* bezieht. Die Seele war also etwas anderes als der SPIRIT oder das „EWIGE DING AN SICH", das das veränderliche Geistige (Ding) mit Leben erfüllt. Die Seele war also vielmehr ein Grundprinzip.

Gautama wollte allerdings dieses Prinzip der individuellen Seele nicht anerkennen, weder als Manifestation des EINEN noch als eines der dualen Prinzipien, die dem EINEN entspringen. Dagegen vertrat er die Ansicht, dass der einzige Geist, der im Menschen existiert, die belebte Reflexion oder Manifestation des UNTEILBAREN GEISTES (SPIRITS) DES EINEN ist und dass es keine separate „Seele" gibt, abgesehen vom „Charakter" des Individuums, der aus den Qualitäten und Attributen des Menschen selbst besteht und seiner persönlichen Natur und charakteristischem Gesamterscheinungsbild entspricht. Dieser „Charakter" ist so gesehen die einzige „Seele", die der Mensch besitzt oder besitzen kann und es ist auch dieser „Charakter", der in einem neuen Körper reinkarniert – unter dem Gesetz des *Karma*.

In anderen Worten: Dieser Charakter ist die Essenz aller Gedanken und Taten des Menschen, die, fest verbunden und miteinander vereint, das ICH bilden, das zwar individuell, aber keine reale und ewige Entität ist.

In seinen unzähligen Diskussionen mit Brahmanen verglich Gautama die „Seele" mit einem Karren, der zwar aus mehreren Teilen wie Rädern, Karosserie, Radachsen, Bodenplatte, Deichsel etc. besteht, aber kein „Ding für sich" ist, sobald diese Teile wieder entfernt werden. So verhält es sich auch mit dem Menschen. Entfernt man all seine Attribute, so bleibt am Ende keine „Seele" übrig. In einer anderen Illustration verglich er die menschliche Seele mit einer in Indien wachsenden Knollenpflanze, ähnlich unserer Zwiebel. Wenn man auf der Suche nach der „wahren Zwiebel" oder „der Zwiebel an sich" alle dünnen Schichten der Zwiebel entfernt, bleibt am Ende gar nichts übrig. Der übliche Einwand gegen diese Darstellung lautete: „Ja schon, aber *Purusha*, der Spirit bleibt über!" *Gautamas* Antwort darauf: „Nichts außer dem SPIRIT DES EINEN bleibt über, wenn alle Attribute, wenn der Charakter des Menschen von ihm genommen wird. Es bleibt nichts über – nur das NICHT-DING, das UNERKENNBARE bleibt."

Und hier finden wir bereits die Ursache für den Vorwurf an *Gautama*, er verleugne die unsterbliche Seele. Sie übersahen aber die Tatsache, dass zwischen dem Entfernen der „Attribute", also der „Charakteristika" des Menschen und Gautamas Ziel, nämlich der Auslöschung des Verlangens kein Unterschied besteht und dass die damit verbundene (Auf)lösung und das

Eingehen in DAS EINE, in das NICHT-SEIN, die einzig reale Existenz des Menschen ist. Der aufmerksame Leser kann hier die Finesse der Logik und Schlussfolgerung *Gautamas* erkennen und nachvollziehen, wie er damit die Argumentation der Brahmanen entkräftete.

Hier noch ein Wort dazu, warum *Gautama* und der Buddhismus immer schon als „heterodox" und als außenstehend im Bezug auf die „orthodoxe" Hindu-Philosophie angesehen wurden. Die „Sechs Systeme" werden trotz ihrer Unterschiedlichkeit, sowohl in Bezug auf die orthodoxen religiösen Dogmen der Brahmanen, als auch in ihrer Verschiedenartigkeit zueinander alle als „orthodox" angesehen, selbst dann, wenn sie wie *Kapila* sämtliche Götter des Hindu-Pantheon bis hin zu

Ishwara ablehnten. Der Buddhismus *Gautamas*, der in dieser Verneinung nur einen kleinen Schritt weiter ging, wird aber als „nicht orthodox" angesehen. Der Grund dafür ist sehr einfach: In Indien herrscht innerhalb der Priesterkaste der Brahmanen ein wunderbar hohes Maß an Freiheit in Bezug auf philosophische und religiöse Spekulationen. Egal wie kühn und verblüffend die Ansichten auch sein mögen, sie stehen nicht im Widerspruch zur Orthodoxie, vorausgesetzt sie beziehen die Inspiration für ihre philosophischen Spekulationen aus den Veden und erkennen das indische Kastensystem, insbesondere die herausragende Stellung der Brahmanen an. Die „zweimal Geborenen", also sowohl physisch, als auch im Geiste geborenen Brahmanen galten als heilig, unmittelbar nach den Göttern kommend und standen im Rang sogar höher als Fürsten und Könige, die üblicherweise der Kshatriya (Krieger)-Kaste angehörten. In einer alten Schrift heißt es sogar: *„Es gibt zwei Arten von Göttern – die wirklichen Götter und die Brahmanen, die die Veden auslegen." „Die Brahmanen sind sogar mehr als Götter, da sie es sind, die die Götter beschützen und nähren. ..."*

In diesem Sinne galt trotz der durchaus breit gefassten „Orthodoxie" die Nähe sowohl zur Priesterklasse als auch zu den Veden als unabdingbare Voraussetzung. Auf (mittelalterliche) christliche Verhältnisse umgelegt, hätten diese Bedingungen vielleicht so ausgesehen: „Du kannst lehren, was

auch immer du für richtig hältst, solange du dich auf die Heilige Schrift
berufst und die Unfehlbarkeit der Kirche und der Priesterschaft aner-
kennst."

Da sich die Lehrer der „Sechs Systeme"
(Nyaya, Vaisheshika, Samkhya, Yoga, Purva
Mimamsa, Vedanta – Anm. d. Übers.) auf die
Veden bezogen und somit deren Wert
anerkannten, hatten sie in ihren eige-
nen Predigten völlig freie Hand. Tat-
sächlich bauten sie ihre Lehren auf ih-
ren eigenen Interpretationen der
Upanishaden auf. Sie akzeptierten das
Kasten-System und die Autorität der
Brahmanen und so wurden ihre Kon-
zepte ebenfalls als „orthodoxe" Sys-
teme anerkannt, wobei die inhaltliche
Übereinstimmung mit der orthodoxen
Lehre weitaus geringere Bedeutung

hatte als die Anerkennung der Autorität der Brahmanen.

Aber *Buddha* konnte keines von beiden vorweisen. Er lehrte universelle
Bruderschaft und tat vieles, was die
Grundfesten des Kastensystems auf-
weichte. Weder verneinte noch bestä-
tigte er die Unfehlbarkeit der Veden –
er ignorierte sie vielmehr und baute
sein System auf der menschlichen
Vernunft gepaart mit transzendentaler
Erleuchtung auf. *Gautama* stellte sich
gegen die gängige Praxis der Opferga-
ben – Zeremonien und Rituale hatten
in seinen Augen keinerlei Nutzen.
Selbsterniedrigung und strenge Askese
lehnte er ab – er lehrte Demokratie
und universelle brüderliche Liebe. Alle
Menschen waren seine Brüder,
Shudras genauso wie Brahmanen – ist

es da ein Wunder, dass ihn die Priesterklasse als „heterodox" bezeichnete
und er als Atheist, der die Existenz der
Seele leugnet, verunglimpft wurde?
(Obwohl sich seine Aussagen von einigen „orthodoxen" Tendenzen kaum
unterschieden).

Gautama wurde auch des „Materialismus" und der „Weltlichkeit" bezich-
tigt, da er Spekulationen über Themen
und Aufgaben jenseits der irdischen
Verpflichtungen keineswegs befürwor-
tete und daher auch nicht förderte.
Der Grund dafür lag in seiner Be-
obachtung der Hindu-Bevölkerung, die
mit den Glaubenslehren so sehr beschäftigt waren, dass sie ihre Arbeit
völlig aus dem Blick verloren hatten. Er
wollte die Menschen zum Handeln im
Hier und Jetzt anregen.

Er lehrte sie nicht nur „Dinge zu tun“, die zur Erlangung der Freiheit förderlich waren, sondern etablierte darüber hinaus völlig neue Wahrheiten in Bezug auf die Pflichten der Menschen ihren Nächsten gegenüber, vergleichbar nur mit der Lehre von *Jesus von Nazareth*, der ihm sechshundert Jahre später folgte.

Prof. Jackson sagt: „Das entscheidende Element, das den Buddhismus gegenüber anderen Religionen seiner Zeit zur Überlegenheit verhalf und zu seiner erstaunlichen Ausbreitung führte, war der Geist der universellen Güte und Sympathie, der im klaren Gegensatz zur Exklusivität der Kasten stand. Das Verhältnis des Buddhismus zum Brahmanismus war mit jenem des Christentums zum Judentum vergleichbar. Es war die Reaktion auf die Ausschließlichkeit und den Formalismus des Brahmanismus – ein Bemühen, die Religion toleranter und umfassender zu gestalten und von der zwanghaften Notwendigkeit der Abhaltung von Zeremonien zu befreien. Der Buddhismus schaffte die Kasten nicht ab, er befreite aber die Nachfolger *Buddhas* von den damit verbundenen Beschränkungen in Bezug auf ihre Religionsausübung. Im Schoß der Gemeinschaft derer, die alle gleichermaßen der Welt entsagen, sind Brahmanen und Parias Brüder. Genauso verhielt sich das frühe Christentum in Bezug auf die Sklaverei der antiken Weltordnung."

Und Max Müller sagt: „Buddha richtete sich an alle Kasten genauso wie an die Ausgestoßenen. Das Versprechen der Erlösung gab er ohne Ausnahme und er forderte seine Schüler auf, diese Botschaft an alle Orte und zu allen Menschen zu tragen. Das Pflichtgefühl gegenüber der eigenen Familie und in weiterer Folge dem Dorf, dem Land und der gesamten Menschheit gegenüber – das Gefühl der Sympathie und Brüderlichkeit zu allen Menschen – die MENSCHLICHKEIT wurde tatsächlich zum ersten Mal von *Buddha* verkündet."

Die wahre Ursache für Leid und Unglück des *Samsara* lag in den Augen *Gautamas* im Gefühl des Getrenntseins, von dem das „Ich" getäuscht bzw. hypnotisiert wird. Dieses Gefühl des Getrenntseins bringt in der Folge Selbstsucht, Gier, Unfriede, Streit und all die anderen üblen Erscheinungen mit sich, durch die das Leben in *Samsara* zu einem Albtraum des Leidens wird. In anderen Worten: Getrenntsein ist die Wurzel allen Übels; alle negativen Erscheinungsformen sind auf diese gemeinsame Quelle zurückzuführen. Daher lag der zentrale Punkt der Lehre *Gautamas* in der Befreiung von der Illusion des Getrenntseins durch Auslöschung des Verlangens, von dem das Getrenntsein seine Lebenskraft bezieht.

All die vage Sehnsucht, die in der menschlichen Seele wohnt, hat ihren Ursprung in der intuitiven Erkenntnis, Teil eines größeren Lebens zu sein; sie ahnt, dass sie durch das Gefühl des Getrenntseins davon abgehalten wird, sich selbst zu erkennen. Obwohl die Klarheit der ursprünglichen Lehre

Gautamas durch die „Kirche", die aus den Anfängen hervorging, etwas verdeckt wurde und uns das Licht der reinen Lehre nur durch die Farben ihrer Auslegungen und Schulen erreicht, scheint die originale Lehre wie folgt zu lauten:

Aus dem NICHT-SEIN (ES) tritt das SEIN als ein dem NICHT-SEIN innewohnender Aspekt hervor. Das „Verlangen nach Leben" erhebt sich und erzeugt, angetrieben durch das vitale Prinzip des *Kama*, dem Verlangen nach Sinneswahrnehmungen, die Verkettung von „Ursache und Wirkung". *Samsara*, der Kreislauf der Existenzen – das Lebensrad – beginnt sich zu drehen.

Avidya, die Unwissenheit, ist die Quelle des „Verlangens nach Leben" und hat ihren Ursprung in der Illusion der

Persönlichkeit, im Getrenntsein, also dem aufgesplitterten Kosmischen Bewusstsein in unzählige „Persönlichkeiten" oder Bewusstseinszentren mit ihren Qualitäten, die der Mensch „Seelen" nennt. Die „Seelen" sind aber keine realen Entitäten, sondern vielmehr die Anhäufung von Qualitäten und Attributen, die einen „Charakter" formen und vom SPIRIT DES EINEN erleuchtet und belebt werden, aber aufgrund der grundlegenden Illusion des Getrenntseins als die vielen Spirits vieler Seelen erscheinen. Intuitiv fühlt jede „Seele", dass sie in Wahrheit mit der universellen Seele, dem universellen Leben EINS ist – ihre Isolation führt zu Unruhe und Unbehagen; sie sehnt sich nach Rückkehr zu ihrem ursprünglichen Zustand des EINSSEINS.

Das ichbezogene Leben, das aus der Illusion des Getrenntseins erwächst, bringt selbstsüchtige Ziele, Gedanken und Handlungen hervor, die wiederum das Übel erzeugen, das sich in unzähligen Manifestationen und deren Konsequenzen immerzu fortsetzt. Jedes Verlangen gebiert eine Brut neuer Wünsche und Begierden und so wird die Seele mehr und mehr in das Gewirr karmischer Ursachen und deren Auswirkungen verstrickt.

Der einzige Ausweg ist zuallererst die Ursache des Übels zu erkennen, um es in weiterer Folge bei der Wurzel zu packen und auszureißen. Dieser Weg führt über die Manifestationen zu deren Ursprung und noch weiter zurück, solange bis die Freiheit erlangt wird.

Dem „Verlangen nach Leben" wird

durch die Auslöschung der Begierden die Energie entzogen und es kann auf diese Weise leicht überwunden werden. Wenn das geschieht, erkennt die „Seele", dass sie keine Persönlichkeit oder getrennte Wesenheit ist, sondern dass sie mit dem SEIN identisch ist und zwar mit dem SEIN im Zustand der kreativen Aktivität. Die „Seele" im Sinne einer Persönlichkeit verschwindet, da durch die Erkenntnis, dass sie selbst das UNIVERSELLE SEIN ist, jegliches Gefühl des Getrenntseins endet. So wie der Tautropfen in das glitzernde Wasser des Sees gleitet, verschwindet der „Charakter" – alleine der SPIRIT bleibt.

Doch es gibt noch ein weiteres Stadium. Wenn sich die befreite Seele allem restlos hingegeben hat – auch dem Kosmischen Bewusstsein – sinkt sie ein in das innerste Herz des SEINS (ES) – in PARA BRAHM – in die tiefste Tiefe – in das NICHT-SEIN und erlangt PARA-NIRVANA – absolute Glückseligkeit.

Das ist die Essenz des Buddhismus.

Gautama lehrte 4 erlösende Wahrheiten, die von allen nach Befreiung Suchenden erkannt werden müssen.

1 Die Wahrheit über das Leiden oder die Erkenntnis, dass Leben Leiden bedeutet.

2 Die Wahrheit über die Entstehung des Leidens oder des „Verlangens nach Leben", das durch Begierde und Wünsche genährt wird.

3 Die Wahrheit über die Beendigung des Leidens oder die Erkenntnis, dass

die Beendigung von *Samsara* in der Überwindung des „Verlangens nach Leben" liegt.

4 Die Wahrheit über den Pfad der zur Beendigung des Leidens führt oder die Methoden zur Auslöschung der Begierden, die zur Überwindung des „Verlangens nach Leben" und somit zur Freiheit führen.

Die Lehre Gautamas besagt, dass die Auslöschung der Begierden die Auflösung des „Charakters" oder der „Persönlichkeit" bedingt; zurück bleibt der ungetrübte und unberührte SPIRIT, da dieser nicht länger durch die Empfindung des Getrenntseins getäuscht wird und sein EINSSEIN MIT ALLEM (ES) realisiert. Daher ist alles, was auf die Auslöschung der Begierden abzielt, ein Schritt auf diesem Weg. Durch die Erfahrungen seines eigenen Lebens hielt er Zeremonien und Rituale ebenso wenig für zielführend wie Entbehrungen und Askese. Das einzig Sinnvolle, was der Freiheitssuchende tun kann, ist seine Begierden auszulöschen. Mit diesen Aussagen brachte *Gautama* eine neue Saite Indiens zum Klingen. Er erklärte, dass die Begierde nicht durch gewaltsame Unterdrückung zu besiegen wäre, da man auf diese Weise nur den inneren Hunger anregen und den Appetit der „Bestie" vergrößern würde. Der gangbare Weg ergibt sich durch das Vermeiden selbstsüchtiger Handlungen und die Ausrichtung des eigenen Lebens an selbstlosen Taten und Handlungen im Dienst am Mitmenschen – durch die Liebe zu allen lebenden Wesen. Durch das Lenken der Lebensenergie auf andere, löst sich der Egoismus auf und kommt zum Verschwinden und der Geist erreicht, von seinen Wünschen und Begierden gereinigt, Nirvana. Das ist der Pfad, der zur Beendigung des Leidens führt.

Man kann feststellen, dass in der Mehrzahl der Hindu-Philosophien die Selbstbefreiung durch das vollständige Einsinken der individuellen Seele in die universelle Seele oder *Brahman* erlangt wird. Die Anhänger des *Advaita Vedanta*, die nicht an die individuelle Seele glauben, sind der Auffassung, dass sich die Selbstbefreiung des Individuums (*Brahman*, von *Maya* verschleiert) durch das Erwachen in seiner wahren Identität vollzieht, indem es erkennt, dass es kein Individuum ist, sondern *Brahman* selbst.

Der Buddhismus kennt so gesehen keine individuelle Seele, nicht einmal in einer temporären Erscheinungsform. Die buddhistische „Seele" ist ein Bündel an Wünschen, Vorlieben und Gewohnheiten. Sie ist der „Charakter", der vom SPIRIT DES EINEN durchstrahlt wird. Daher wird auch die „Seele" nicht wie im *Advaita Vedanta* zur Erkenntnis ihrer wahren Identität geführt, sondern der Verstand zu einer Einsicht über die wahren Zusammenhänge. Der Buddhismus vermittelt hier ein Verständnis, das darauf abzielt, dass die „Seele" sich selbst als Illusion erkennt und zunehmend bereit wird, sich selbst aufzulösen, indem sie ihre Wünsche und Sehnsüchte auslöscht. Danach verschwindet sie von selbst – das WAHRE SELBST tritt an ihre Stelle.

Nirvana ist der Zustand dieser vollständigen Realisierung der EINHEIT DES LEBENS – aus den Vielen wird EINS.

Para-Nirvana ist der vollständige Rückzug jeglicher Aktivität, die Auflösung in *Para-Brahm,* in das NICHT-SEIN, aus dem keine neuerliche Inkarnation mehr hervorgerufen wird; daher bedeutet es auch das vollständige Entkommen aus *Samsara.*

Nirvana kann zu Lebzeiten erreicht werden, also in „Fleisch und Blut" und hat mit „Annihilation" nichts zu tun. Es ist vielmehr ein KOSMISCHES BEWUSSTSEIN, ein flüchtiger Blick auf *Sat Chit Ananda* – eine wissende, absolute Glückseligkeit – ein Zustand wunschlosen Seins.

Nach dem Verlassen des Körpers wandern einige dieser befreiten Seelen in andere Ebenen des Seins, von wo aus sie andere wiederum bei der Befreiung aus ihren Fesseln unterstützen können. Diese Meister und Adepten sind unsere älteren Geschwister, die seit Äonen der Menschheit ihren Dienst erweisen, während sie selbst bereits im Zustand absoluter Glückseligkeit wohnen.

Doch über alldem liegt *Para-Nirvana* – die Auflösung in *Para-Brahm* – das Einsinken in die tiefste Tiefe – ewiger Friede und absolute Ruhe.

Gautamas Weg zu Befreiung umfasst acht Punkte.

1 Richtiger Glaube

2 Richtiges Urteilsvermögen

3 Richtige Rede

4 Richtige Absicht

5 Richtiges Handeln

6 Richtiges Bemühen

7 Richtiges Denken

8 Richtige Meditation

Diese acht Punkte auf dem Weg zur Befreiung erschließen sich im Zusammenhang mit der zweiten erlösenden *„Wahrheit über die Entstehung des Leidens oder des Verlangens nach Leben, das durch Begierde und Wünsche genährt wird"* und unserer Geburt als unmittelbarer Ursache, ohne die es kein Leiden gäbe. Die Geburt selbst ist durch das *Karma* bedingt; sie ist die Fortsetzung und Auswirkung früherer Existenzen. Der „Charakter" oder die

Seele ist das Resultat vergangener Erfahrungen. Reinkarnation und Karma werden durch frühere Wünsche und Begierden hervorgerufen und diese Begierden haben ihren Ursprung in der (Sinnes)Wahrnehmung, die wiederum aus dem Kontakt, der Berührung und Beziehung entspringt. Letztlich sind es die Ideen, die zur ersten Ursache führen; sie sind das Resultat von *Avidya*, der Unwissenheit, die das Illusionäre und Vorübergehende mit dem Realen und Ewigen verwechselt. Daher muss die Unwissenheit als Wurzel aller Ursachen bekämpft werden. Durch das Öffnen der geistigen Fenster für das Einströmen des wahrhaftigen Sonnenscheins wird die Dunkelheit der Unwissenheit vertrieben, *Avidya* wird verbannt. Das einzig wirksame Mittel gegen *Avidya* (Unwissenheit) ist *Vidya* (Wissen). Wenn *Avidya* zerstört ist, verschwindet auch die gesamte Verkettung der Ursachen und Auswirkungen – die Ideen, die aus der Illusion des Getrenntseins entstehen, die Vielfalt der Formen, Sinneseindrücke; Kontakt und Berührung, Empfindung, Begehren, Anhaftung, Existenz, Geburt, Not, Alter und Tod. *Samsara*, *Maya*, die Illusion – alles verschwindet und *Nirvana* ist erreicht.

Wir werden an dieser Stelle nicht alle Regeln des buddhistischen Moralkodex vollständig aufzählen. Dieser ist ausgesprochen detailliert und umfasst sowohl grundlegende Ideale für die Menschheit im Allgemeinen, wie Aufrichtigkeit, Sittsamkeit, Freundlichkeit, Selbstlosigkeit, Sittlichkeit, Wohlwollen und Wahrheitsliebe als auch eine weitaus größere Anzahl von Regeln, die erst im Laufe der Zeit von jenen Lehrern verfasst wurden, die *Buddha* nachfolgten und nach und nach zur Ausformung einer Religion im kirchlichen Sinn beitrugen. Wie es in solchen Fällen immer geschieht, entstanden auch in diesen „Kirchen" neue Formen, Zeremonien und Dogmen; es kam zu Spaltungen und aus Abspaltungen entstanden neue Gruppierungen und Bekenntnisse. Während der „Südliche Buddhismus" den originalen Lehren *Buddhas* näher stand, nahmen die Änderungen und Erweiterungen im „Nördlichen Buddhismus" ein größeres Ausmaß an, was insbesondere in der Modifikation des ursprünglichen Konzeptes der „Seele" als „Charakter" deutlich wird, das durch das Konzept einer individuellen Seele oder *Purusha* ersetzt wurde.

Die buddhistische Kirche hat mit der Zeit unzählige „Himmel und Höllen" hinzugefügt, wobei die Beschreibungen der Hundertschaften von Höllen wesentlich ausgeprägter sind und in Vielzahl und Art der Qualen der Hölle des christlichen Mittelalters ähneln. Die Gefangenschaft in einigen dieser Höllen konnte bis zu zehn Millionen Jahre andauern. Auf der anderen Seite aber vermag die glückliche Seele in den höchsten Höhen der Himmel sogar zehn Milliarden Jahre zu verweilen.

Und so ging es weiter und weiter, wie es mit „Kirchen" und Priestern immer weitergeht. Auf dem Fundament einer einfachen philosophischen Lehre wurde ein Gebäude aus Dogmen, Glaubenssätzen, Ritualen und Zeremonien errichtet. Die Lehre vom *Karma* wurde so sehr verzerrt, dass sie zur wirksamsten Waffe zur Durchsetzung einer kirchlichen Glaubenslehre wurde, die der menschliche Geist jemals hervorbrachte – ein Mensch ist zum Beispiel blind, weil er in seinen früheren Existenzen seinen Blick zu sehr auf Dinge gerichtet hatte, die seine Sinne befriedigten; er ist taub, weil er den Lehren und Glaubenssätzen kein Gehör schenkte; er ist stumm, weil er die Priester verspottet und verschmäht hatte und so geht es weiter, wie in allen Kirchen, überall.

Im Norden wird der *Buddhismus* als *Lamaismus* gelehrt. Er verfügt über eine Fülle an Ritualen und Zeremonien.

Die frühen Missionare aus dem Orden der Jesuiten erkannten in diesen Ritualen die Ähnlichkeit zu den Ritualen und Zeremonien ihrer eigenen Kirche, sodass sie nach ihrer Rückkehr berichteten, dass der *Buddhismus* zweifellos ein Werk des Teufels sein müsse, der einzig und allein zur Verhöhnung der (ihrer) Wahren Kirche erfunden wurde.

In Nordindien und Tibet gibt es zahlreiche umherziehende Bettelmönche, deren Klöster durch Spenden gläubiger Mitmenschen erhalten werden. Die Verehrung Buddhas als Gottheit kommt in unzähligen Abbildungen zum Ausdruck.

Ist es nicht eine Ironie des Schicksals, dass gerade *Gautama*, der die Befreiung von der Autorität der Priesterschaft und Religionen forderte, dessen Lehre auf die Abschaffung eitler Formalismen und Zeremonien abzielte, der die Emanzipation als zentralen Punkt seiner Lehre ansah, die Menschen lehrte, selbst zu denken und selbstverantwortlich zu handeln, zum Gründer einer „Kirche" wurde, die weltweit in der Anzahl der Mitglieder an zweiter oder sogar erster Stelle steht? (Heute ist der Buddhismus die viertgrößte Glaubensgemeinschaft nach Christentum, Islam und Hinduismus. Anm.d.Übers.)

Wie Jesus trat auch *Gautama* als Lehrer auf – ohne Tempel und ohne Formalismen und wurde, so wie er, unwissentlich zum Gründer einer großen „Kirche", mit all ihren Glaubensbekenntnissen, ihren Dogmen, Theologien, Ritualen und Zeremonien, Priestern und kirchlichen Strukturen. Kirchen bilden sich immer dann, wenn Formen und Dogmen den Geist der Wahrheit zurückdrängen und der lebendige Glaube nur noch auf kleiner Flamme lodert. Es war immer so, und so wird es immer sein. Im Osten wie im Westen. *Gautama* sprach davon, so wie schon *Krishna* vor ihm, dass immer dann, wenn die Flamme zu erlöschen droht, der REINE GEIST einen Boten aussendet, um die Wahrheit mit neuem Leben zu erfüllen.

Gautama ist nur einer von mehreren *Buddhas* oder großen spirituellen Lehrern und Göttlichen Avataren, die alle kamen, um die Menschheit vor dem Absinken in den Materialismus und dem Dunkel der Unwissenheit (*Avidya*) zu bewahren.

Gautama sagte: *„Wann immer die reine Lehre in Vergessenheit zu geraten droht und die Menschheit zunehmend in Begehrlichkeiten der Sinne und geistige Finsternis absinkt – wird ein neuer Buddha geboren."* *Krishna* gibt in der *Bhagavad-Gita* ein ganz ähnliches Versprechen.

Während *Buddha* von Christen als „heidnischer" Lehrer angesehen wird, dessen Botschaften der Lehre von *Jesus* erstaunlich ähneln und dessen *„Verhaltenskodex in Reinheit, Vortrefflichkeit und Weisheit nur vom Gesetzgeber Gottes selbst übertroffen werden"*, wird *Jesus* von den Buddhisten freimütig anerkannt; er wird als Gesandter Gottes gesehen, der zu den „Heiden" des Westens geschickt wurde – ein *Buddha* des Westens sozusagen.

Unsere Studenten, die bereits mit den inneren Lehren der Hindu-Philosophie vertraut sind, konnten sicherlich in die grundlegenden Wahrheiten der Lehre *Buddhas* eintauchen und Übereinstimmungen aber auch Unterschiede zu anderen Systemen erkennen.

In Bezug auf unsere eigene Lehre liegt wohl der größte Unterschied in der extrem pessimistischen Sicht auf das Universum – dem einseitigen Blick auf das Leiden und dem Ausklammern der Freude. Das Leben ist weder nur Freude noch ausschließlich Leid, es ist eine Mischung aus beiden. Die blaue Brille des Pessimisten lässt alles „blau" erscheinen und die rosa Brille des Optimisten macht alles „rosig". Eine ungetrübte Sicht zeigt die Dinge in ihrer Verhältnismäßigkeit und tatsächlichen

Färbung. Eine weitere Differenz zu unserer eigenen Lehre besteht in der Beschreibung *Gautamas*, die allerdings in der Hindu Philosophie generell sehr verbreitet ist, dass der SPIRIT sich selbst zum Subjekt der Illusion durch *Avidya* macht und so in die unheilvolle Existenz des *Samsara* begibt.

Wir sind der Auffassung, dass BRAHMAN – ES – DAS ABSOLUTE keineswegs von *Avidya* oder *Maya* getäuscht wird, sondern einen Göttlichen Plan der Manifestation und geistigen Kreation verfolgt – in vollem Bewusstsein und in unendlicher Weisheit. Die Gründe dafür sind dem Menschen zwar weder bekannt noch zugänglich, sie sind aber aus der Sicht des GÖTTLICHEN WISSENS ausreichend.

Die GÖTTLICHE WEISHEIT hat das ABSOLUT GUTE und das ABSOLUT GERECHTE immer im Blick, wird sie doch von UNENDLICHER LIEBE geleitet. Das ist das Gegenmittel gegen Pessimismus.

"THE TRUTH IS TO BE SOUGHT EVERYWHERE, FOR EVERYWHERE ABIDETH IT."

Quellennachweis:

A Series Of Lessons On The Inner Teachings
Of The Philosophies And Religions Of India
LESSON VII
By Yogi Ramacharaka.
1908/1909 By The Yogi Publication Society
Chicago, Ill.

In dieser Reihe ebenfalls erschienen:

William Walker Atkinson
Erläuterungen zum Handbuch
„Licht auf dem Pfad"
von Mabel Collins
Deutschsprachige Erstausgabe
2018 Verlag BoD

William Walker Atkinson
DHARMA - Wurzeln der Ethik
Deutschsprachige Erstausgabe
2019 Verlag BoD